NATIONAL GEOGRAPHIC
School Publishing

Hábitats de los animales

Michelle Kramer

PICTURE CREDITS

Cover, 1, 4 (left above), 4 (right), 9, 13 (above), 15 (above), 15 (below), 16, 17 (above), 19 (above), 20 (left above), 21 (right above), Photolibrary.com; 2, 11 (right), Peter Oxford/naturepl.com; 4 (left below), Tom Vezo/naturepl.com; 5 (right above), 6, Anup Shah/naturepl.com; 5 (right below), Brandon Cole/naturepl.com; 7 (above), Doug Perrine/naturepl.com; 7 (below), 18, APL/Corbis; 8 (left), 8 (right), Getty Images; 10 (left), 12 (left), Guy Holt illustration; 10 (right), Phil Savoie/naturepl.com; 11 (left below), Pete Oxford/naturepl.com; 11 (left above), Doug Wechsler/naturepl.com; 12 (right), 13 (below), David Shale/naturepl.com; 13 (right), Doc White/naturepl.com; 14, Bernard Castelein/naturepl.com; 17 (below), Doug Allan/naturepl.com; 19 (below), Staffan Widstrand/naturepl.com; 20 (left below), Mats Forsberg/naturepl.com; 20 (right), Aflo Foto Agency/Alamy; 21 (right below) Mark Lewis/Alamy.

Produced through the worldwide resources of the National Geographic Society, John M. Fahey, Jr., President and Chief Executive Officer; Gilbert M. Grosvenor, Chairman of the Board.

PREPARED BY NATIONAL GEOGRAPHIC SCHOOL PUBLISHING

Steve Mico, Executive Vice President and Publisher, Children's Books and Education Publishing Group; Marianne Hiland, Editor in Chief; Lynnette Brent, Executive Editor; Michael Murphy and Barbara Wood, Senior Editors; Nicole Rouse, Editor; Bea Jackson, Design Director; David Dumo, Art Director; Shanin Glenn, Designer; Margaret Sidlosky, Illustrations Director; Matt Wascavage, Manager of Publishing Services; Sean Philpotts, Production Manager.

SPANISH LANGUAGE VERSION PREPARED BY
NATIONAL GEOGRAPHIC SCHOOL PUBLISHING GROUP

Sheron Long, CEO; Sam Gesumaria, President; Fran Downey, Vice President and Publisher; Margaret Sidlosky, Director of Design and Illustrations; Paul Osborn, Senior Editor; Sean Philpotts, Project Manager; Lisa Pergolizzi, Production Manager.

MANUFACTURING AND QUALITY MANAGEMENT

Christopher A. Liedel, Chief Financial Officer; George Bounelis, Vice President; Clifton M. Brown III, Director.

BOOK DEVELOPMENT

Ibis for Kids Australia Pty Limited.

SPANISH LANGUAGE TRANSLATION

Tatiana Acosta/Guillermo Gutiérrez

SPANISH LANGUAGE BOOK DEVELOPMENT

Navta Associates, Inc.

Published by the National Geographic Society
Washington, D.C. 20036-4688

ISBN: 978-0-7362-3860-1

Printed in Canada

12 11 10 09 08

10 9 8 7 6 5 4 3 2 1

Contenido

océano

pradera

desierto

4

¿En qué tipos de lugares viven los animales? ¿En qué se diferencian estos hábitats, o lugares donde vivir?

selva

Ártico

Los animales en sus hábitats

Distintos animales viven en lugares diferentes.
El lugar donde vive un animal es su **hábitat.**
En la Tierra hay muchos hábitats.

El hábitat de la **selva** proporciona a los orangutanes el alimento que necesitan.

orangután

El hábitat del **océano** proporciona a las tortugas marinas el alimento que necesitan.

El hábitat de la **pradera** proporciona a los bisontes los espacios abiertos que necesitan.

Lo que los animales necesitan

Los animales necesitan alimento, agua, oxígeno y abrigo para sobrevivir. Los animales viven en hábitats que les proporcionan estas cosas.

Una osa polar y su cría buscan abrigo en una cueva en la nieve de su hábitat en el **Ártico.**

Una ardilla de tierra encuentra semillas para comer en su hábitat del **desierto.**

Un jaguar bebe agua de una charca en su hábitat de la **selva.**

9

El hábitat de la selva

Las selvas tropicales son lugares calurosos y húmedos.
En ese hábitat viven muchos animales.
¿Qué los ayuda a sobrevivir?

Los niveles de la selva

El hábitat de la selva tiene cuatro **niveles** diferentes. En cada nivel viven animales diferentes.

emergente

dosel

sotobosque

suelo

Las hormigas cortadoras de hojas encuentran hojas con las que alimentarse en el **suelo de la selva.**

Las guacamayas hacen sus nidos en los altos árboles del nivel **emergente** de la selva.

Los perezosos encuentran hojas y ramitas con las que alimentarse en el **dosel** de la selva. Los perezosos duermen allí la mayor parte del día.

La boa esmeralda se refugia en el **sotobosque** de la selva.

El hábitat del océano

Los océanos ocupan gran parte de la Tierra. En ese hábitat viven muchos animales. ¿Qué los ayuda a sobrevivir?

Zonas oceánicas

El hábitat del océano tiene cuatro **zonas** diferentes. Cada zona es el hábitat de muchos tipos diferentes de animales marinos.

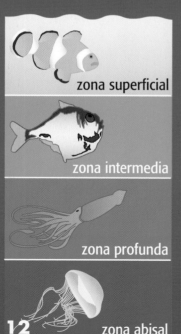

zona superficial

zona intermedia

zona profunda

12   zona abisal

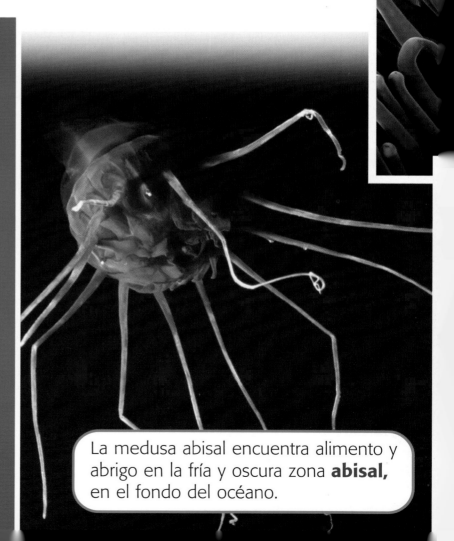

La medusa abisal encuentra alimento y abrigo en la fría y oscura zona **abisal,** en el fondo del océano.

Los peces payaso viven en la zona **superficial.** Allí encuentran alimento y abrigo.

El pez hacha de plata vive en la zona **intermedia.** Allí hay muy poca luz. Este pez es capaz de producir luz propia.

Este calamar encuentra alimento y abrigo en la zona **profunda.**

13

El hábitat de la pradera

Las praderas, o llanuras, son espacios abiertos. En ese hábitat viven muchos animales. ¿Qué los ayuda a sobrevivir?

Animales como este antílope negro encuentran charcas donde beber.

Los leones cazan en la llanura para alimentarse.

Las marmotas excavan agujeros para protegerse.

15

El hábitat del desierto

Los desiertos arenosos son lugares calurosos y secos. En ese hábitat viven muchos animales. ¿Qué los ayuda a sobrevivir?

Los fenecos excavan agujeros para protegerse del fuerte sol.

El escinco se alimenta de insectos que viven en el desierto.

Estos camellos están en un oasis.
Un oasis es un lugar con agua en el desierto.

17

El hábitat del Ártico

El Ártico es un lugar frío y hostil.
En ese hábitat viven algunos animales.
¿Qué los ayuda a sobrevivir?

Los araos se lanzan al agua desde témpanos de hielo para buscar el pescado del que se alimentan.

Las morsas tienen una gruesa capa de grasa que las mantiene calientes.

Los bueyes almizcleros se reúnen en manadas. Su denso y largo pelaje los protege del frío.

20

Ártico

desierto

hábitat

nivel

océano

pradera

selva

zona

21

Glosario

Ártico (página 8)
Región fría situada alrededor del Polo Norte
Los osos polares viven en el Ártico.

desierto (página 8)
Lugar seco con escasa lluvia y no mucha vida vegetal
Los escincos viven en el desierto.

hábitat (página 6)
Lugar o medio ambiente natural donde viven plantas y animales
Hay diferentes animales en cada tipo de hábitat.

nivel (página 10)
Sección de la selva en la que viven plantas y animales diferentes
Los pájaros viven en el nivel emergente de la selva.

océano (página 7)
Extensa masa de agua salada que cubre gran parte de la superficie terrestre
En el océano viven muchos animales diferentes.

pradera (página 7)
Extensión de tierra llana cubierta de hierba, con pocos árboles. También recibe el nombre de *llanura*
Los bisontes viven en la pradera.

selva (página 6)
Bosque que recibe gran cantidad de lluvia.
Un lugar donde viven muchas plantas y animales
Los orangutanes viven en la selva.

zona (página 12)
Una parte, o nivel, del océano, en la que viven ciertos animales marinos
En el océano hay cuatro zonas diferentes.

Índice